Aprende con Peppa Pig

# Mi cuerpo

Papel certificado por el Forest Stewardship Council®

FSC
www.fsc.org
MIXTO
Papel | Apoyando la silvicultura responsable
FSC® C117695

Penguin Random House Grupo Editorial

Primera edición: enero de 2024



Publicado en lengua española por Penguin Random House Grupo Editorial, S. A. U.
Travessera de Gràcia, 47-49. 08021 Barcelona



*Printed in Spain* – Impreso en España

ISBN: 978-84-488-6750-8
Depósito legal: B-19.419-2023

Diseño y maquetación: MYR Servicios Editoriales, S.L.

Impreso en Gráficas 94 de Hermanos Molina, S.L.
Sant Quirze del Vallès (Barcelona)

BE67508

# Introducción pedagógica

## ¡Diviértete mientras aprendes con Peppa Pig!

**Aprende con Peppa** es una colección educativa pensada para lectores que empiezan a descubrir y analizar el mundo que los rodea. En esta nueva entrega de la colección, presentamos un formato didáctico sencillo pero muy completo, pensado para niños y niñas a partir de cuatro años, perfecto para motivar la exploración del entorno y el aprendizaje de conceptos útiles para su día a día.

El lector aprende junto a los personajes de Peppa Pig acerca del cuerpo y sus distintas partes, los **cinco sentidos**, la importancia de **cuidarse** por dentro y por fuera a través de la **alimentación** y los **hábitos saludables** y el valor de la diversidad en nuestra realidad.

Además, a lo largo de la lectura encontramos distintas preguntas para trabajar la comprensión lectora. Las preguntas buscan que los lectores describan y descubran su entorno cercano y expresen en sus propias palabras su relación con la realidad. Otras ideas para trabajar este libro con los más pequeños son:

- Toma las preguntas como una oportunidad para que el niño aprenda y se exprese, siempre con paciencia, atención plena y refuerzo positivo
- Pide a los pequeños que expliquen lo que han leído en cada página con sus propias palabras.
- También podéis replicar con dibujos algunos elementos del libro y colorearlos. A través del dibujo, los niños asimilan mejor el contenido.

CREADO POR EDUCADORES

# TODOS LOS CUERPOS SON ÚNICOS

Hoy en clase de Peppa y sus amigos, los niños aprenden sobre el cuerpo.

Todos tenemos un cuerpo... ¡y todos los cuerpos son únicos!

Algunos son más altos que otros. Otros son más bajos.

¡Hay muchos tipos de pieles! Y cuerpos con diferentes tonos de piel, manchas...

Cada cuerpo tiene características, formas y tamaños diferentes.

## Hay muchos cuerpos... ¡y todos están bien!

Hay cuerpos que ven superbién y cuerpos que usan gafas.

Algunos, saltan y bailan con sus piernas. Otros, ¡usan una silla de ruedas para dar vueltas y vueltas!

# LAS PARTES DEL CUERPO

Fíjate en el nombre de las siguientes partes del cuerpo. Dilos en voz alta y ve moviendo y señalando cada parte de tu cuerpo.

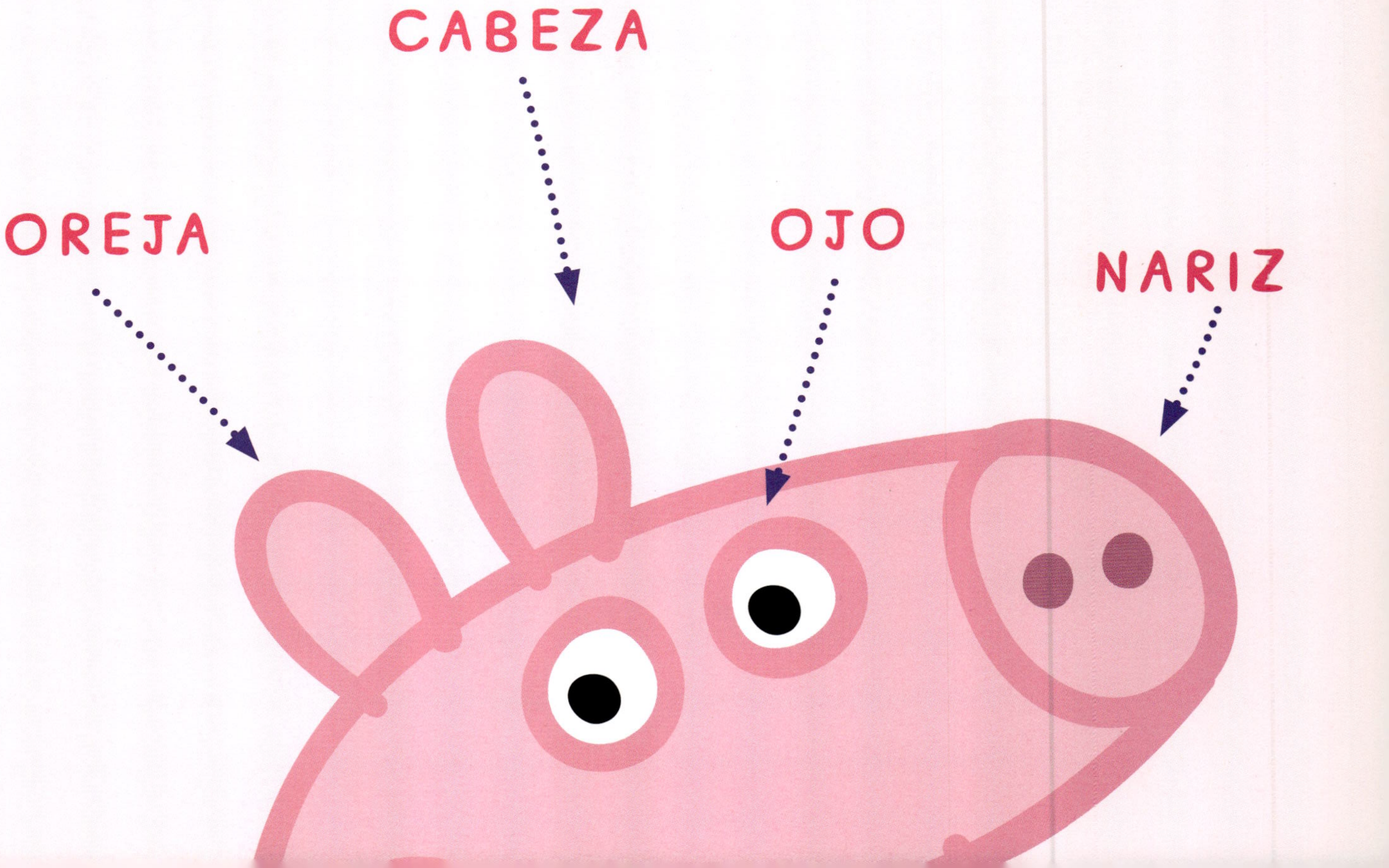

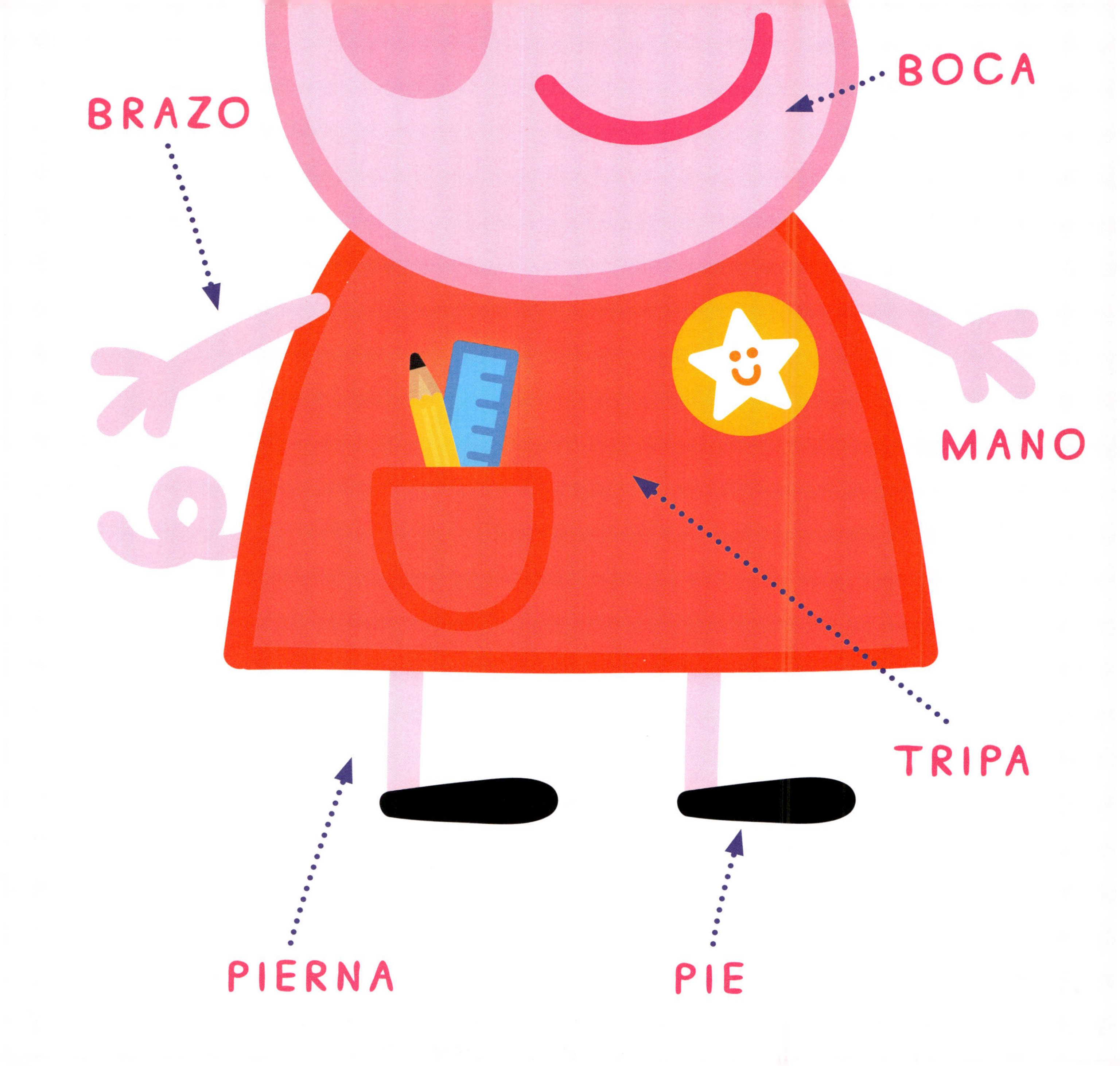
BRAZO
BOCA
MANO
TRIPA
PIERNA
PIE

# LOS CINCO SENTIDOS

Todos tenemos **5 sentidos** que nos ayudan a relacionarnos y a entender el mundo que nos rodea.

VISTA

OÍDO

GUSTO

TACTO

OLFATO

# LA VISTA

El **sentido de la vista** nos permite reconocer los colores, las formas y los **tamaños** de las cosas que nos rodean.

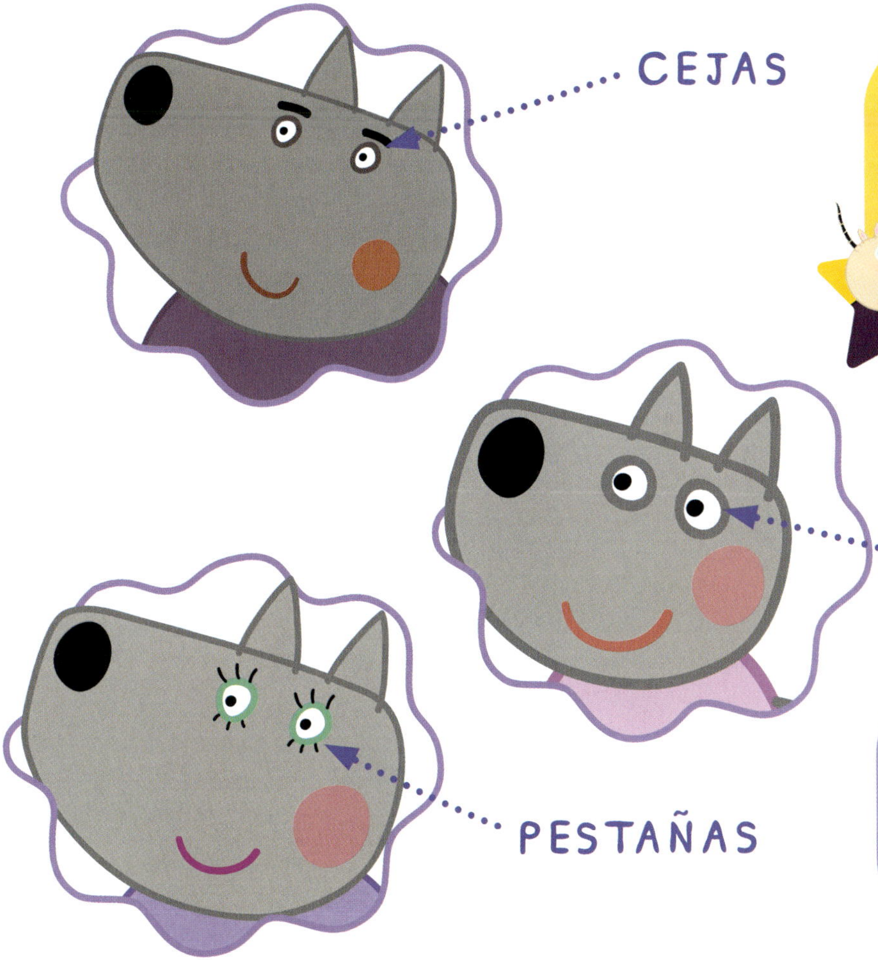

**Gracias a la LUZ, los ojos recogen información y la envían al cerebro.**

¡Entrena tu vista! Busca por casa 3 objetos de color rojo y 1 redondo. ¡Bien hecho!

Nuestros ojos están protegidos por los párpados, las cejas y las pestañas.

# EL OLFATO

El **sentido del olfato** nos permite reconocer miles de olores diferentes. Algunos agradables... y otros desagradables, ¡puaj!

La NARIZ es el órgano del olfato y a través de ella nos llegan los olores que viajan por el aire.

¡Entrena tu olfato! Escribe un olor que te encante y otro que no te guste nada. ¡Muy bien!

..............................................................

..............................................................

¡Freddy Fox tiene un gran sentido del olfato! Podría oler un pastel desde muy lejos ¿y tú?

# EL GUSTO

El **sentido del gusto** ayuda a distinguir los diferentes sabores de los alimentos. Sin sentido del gusto, una tarta de chocolate o unos espaguetis con tomate... ¡sabrían igual!

**La LENGUA es el principal órgano del gusto. En ella se encuentran las papilas gustativas y, gracias a ellas, podemos reconocer los 4 sabores básicos:**

**AMARGO**

**DULCE**

**ÁCIDO**

**SALADO**

¡Entrena el sentido del gusto! A George le encanta la tarta. ¡Es tan dulce! ¿Cuál es tu comida favorita?

..............................................

..............................................

..............................................

La nariz y la boca están comunicadas entre sí, lo que nos permite reconocer el olor y el gusto de los alimentos que comemos.

# EL OÍDO

Con el **sentido del oído** podemos escuchar una amplia gama de sonidos. A través de nuestras orejas, podemos oír ruidos agradables y desagradables, ruidos molestos, música, sonidos agudos o graves...

**Las OREJAS son el órgano del oído y gracias a ellas podemos escuchar todo lo que nos rodea.**

¡Entrena el oído! ¿Te gusta la música? ¿Qué canción no puedes dejar de bailar sin parar cuando la escuchas? ¡Qué artista!

**Podemos escuchar todo tipo de sonidos a través de nuestras orejas. Por ejemplo, a Peppa le encanta el sonido de la lluvia.**

# EL TACTO

El **tacto** es el sentido que nos permite saber si algo es suave o áspero, liso o rugoso. Si es duro o blando, si está frío o caliente...

¡Entrena el tacto! ¿Qué tacto tiene tu juguete favorito? ¿Es suave? ¿Es duro? ¡Muy bien!

**El órgano del tacto es la PIEL. ¡Es el órgano más grande que tenemos! Recubre todo nuestro cuerpo, y no es solo la parte que vemos. Por debajo de la piel hay varias capas que nos protegen de las bacterias, del frío o del calor.**

¡Con nuestras manos podemos sentir muchas cosas! Como lo suave que es una manta o lo fría que está la nieve.

# LA VISITA DEL DOCTOR

Para aprender más sobre nuestros cuerpos y cómo cuidarlos, el doctor Brown Bear visita la clase de Peppa y sus amigos.

¡Veamos qué consejos da el doctor Brown Bear a los niños!

## ¡Nuestro cuerpo no siempre está igual!

A veces nos sentimos llenos de energía y podemos saltar sin parar.

Otras veces, estamos cansados y tenemos que descansar.

Y, algunas veces, nos encontramos mal.

Y tú, ¿cómo te sientes hoy?

# ALIMENTACIÓN SANA

Para prevenir las enfermedades, es importante llevar una **dieta equilibrada y sana**. A través de la comida, fortalecemos las defensas naturales de nuestro cuerpo y absorbemos los nutrientes necesarios.

**¡Recuerda LAVAR bien siempre las frutas y verduras!**

¡A Peppa le encanta la fruta! A George... antes no le gustaba el tomate, ¡pero ahora sí! ¿Cuál es tu fruta preferida? ¿Y una que no te guste nada?

# PRACTICAR DEPORTE

A Peppa y sus amigos les encanta jugar en el patio. **Hacer ejercicio es divertido** ¡y además tiene muchas ventajas! Favorece la concentración, la coordinación y la memoria.

¡Jugar es genial! Corremos, saltamos y nos movemos sin parar.

# DORMIR Y DESCANSAR

Como dice el doctor Brown Bear, cuando estamos cansados, ¡necesitamos descansar! ¡Dormir es bueno!

¿Cuánto tiempo crees que necesita dormir Peppa para estar lista para un nuevo día?

**UNA HORA**
**CINCO HORAS**
**OCHO HORAS**

# IR AL MÉDICO

El doctor Brown Bear explica a Peppa que, para vigilar que nuestro cuerpo está sano, es importante ir a las revisiones del médico.

**Nos PESAN, nos MIDEN y comprueban que estamos perfectamente.**

A veces, los médicos usan los rayos X para ver los huesos. Junto a los músculos, los huesos sostienen nuestro cuerpo.

# EL OCULISTA

Además de ir al médico, Peppa y sus amigos aprenden sobre otros tipos de médicos: los oculistas y los dentistas.

Al revisarnos, el oculista nos dirá si necesitamos usar gafas, ¡como el doctor Poney!

¿Sabías que las gafas de sol son un tipo de gafas que todos podemos usar para proteger la vista?

Recita en voz alta las letras mostradas. ¡Así se hace!

# EL DENTISTA

El dentista es el médico que se ocupa de los dientes. Cuando vamos al dentista, nos revisa la boca y comprueba que no tenemos ninguna caries.

Para mantener la boca sana, Peppa y sus amigos se lavan los dientes después de cada comida. ¡Es muy importante hacerlo al menos tres veces al día!

¿Y tú cuántas veces te lavas los dientes?

........................................................................

¡Bien hecho!

# LA HIGIENE

La higiene es muy importante para proteger nuestro cuerpo de enfermedades. ¡No solo hay que lavarse los dientes! También debemos cuidar la higiene de todas las partes de nuestro cuerpo. ¡A la bañera!

¡Enhorabuena! Ahora ya conoces un poco mejor tu cuerpo y cómo funciona, y has aprendido que cada cuerpo es diferente. Lo que tienen en común... ¡es que debemos cuidarlos por dentro y por fuera para estar sanos y felices!

Pinta una estrella por cada cosa que hayas realizado:

- Me he lavado los dientes tres veces al día ☆
- He dormido ocho horas la noche anterior ☆
- Me he lavado las manos antes de comer y después de ir al baño ☆

Aprende con Peppa Pig

# Otros títulos de la colección

**Diviértete mientras aprendes con Peppa y sus amigos con la nueva colección educativa**

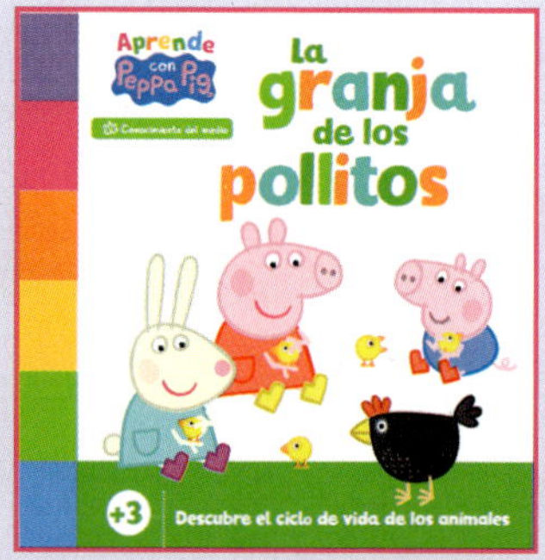